全国中小学生研学实践教育活动成果

行走中的红色课堂
——淮海战役之旅

淮海战役烈士纪念塔管理局　组编

主　编　蒋越锋
副主编　吴兆刚　李全德　周永杰
编　者　张成君　魏　薇　王丽乾
　　　　谷青珊　李　瑶　苗　荟

东南大学出版社
SOUTHEAST UNIVERSITY PRESS
·南京·

内容提要

本读物内容包含了淮海战役历史知识、文物背后的故事,以及历史文物的前世今生,将历史精神和现实启示有机结合起来,形式上将近年来开发实施的研学教育课程进行加工提升,形成系统性强、可读性强、人书互动的书面研学教育活动,让青少年阅读起来更直观、更易懂、更感兴趣、更能引发思考和感悟,力图使之成为青少年喜欢的红色文化教育阅读书目和课外教材。

本书每一部分首页都附有二维码,读者用手机扫一扫,就能观看有关该部分内容的视频。

图书在版编目(CIP)数据

行走中的红色课堂:淮海战役之旅/蒋越锋主编. — 南京:东南大学出版社,2018.12
 ISBN 978-7-5641-8227-4

Ⅰ.①行… Ⅱ.①蒋… Ⅲ.①革命传统教育-中小学-教育 Ⅳ.①G631.2

中国版本图书馆 CIP 数据核字(2018)第 299133 号

行走中的红色课堂:淮海战役之旅
Xingzouzhongde Hongse Ketang:Huaihai Zhanyi Zhilü

主　　编	蒋越锋
电　　话	(025)83793329　QQ:635353748
责任编辑	刘　坚
电子邮件	liu-jian@seu.edu.cn
出版发行	东南大学出版社
出 版 人	江建中
地　　址	南京市四牌楼2号
邮　　编	210096
销售电话	(025)83794561/83794174/83794121/83795801/83792174　83795802/57711295(传真)
网　　址	http://www.seupress.com
电子邮件	press@seupress.com
经　　销	全国各地新华书店
印　　刷	徐州绪权印务有限公司
开　　本	700mm×1000mm　1/16
印　　张	7.5
字　　数	160千字
版 印 次	2018年12月第1版第1次印刷
书　　号	ISBN 978-7-5641-8227-4
定　　价	49.00元

* 未经许可,本书内文字不得以任何方式转载、演绎,违者必究。
* 东大版图书,如有印装错误,可直接向营销部调换,电话:025-83791830。

序　言

  2017年12月淮海战役烈士纪念塔和淮海战役纪念馆入选教育部公布的第一批"全国中小学生研学实践教育基地"。荣获这一称号,有力地推进了淮海战役烈士纪念塔和淮海战役纪念馆面向青少年发挥红色文化教育功能。近年来,淮海战役烈士纪念塔管理局将青少年群体作为实施红色文化教育的主体之一,着力探索适合青少年成长和教育特点的研学活动模式,先后开发了《巍巍丰碑》《战地之声》《车轮滚滚》《集草筹粮》等多种研学教育课程,依托淮海战役烈士纪念塔和淮海战役纪念馆等纪念建筑物和文物藏品讲授淮海战役精神和历史文化,组织青少年开展支前小推车、担架、碾米舂米、战场救护等体验活动,开展拓展教育,组织青少年到通信、金融、制造、部队等国计民生重要行业和部门观摩学习,联系淮海战役历史理解现在的辉煌成就是中国共产党领导人民解放军和人民群众不忘初心、矢志不移地为民族谋复兴、为人民谋幸福取得的,深刻理解是无数革命先辈用生命和鲜血换来了今天的幸福生活。教育活动中要求学生带着问题学习思考并展开讨论,形成展示学习成果的电子报并开展评比,激发青少年爱党爱国爱人民的热忱,树立报效祖国、回报人民的崇高思想。

  研学教育活动受到全市中小学生的广泛欢迎。他们积极利用周末参加单项课程学习,利用暑假、寒假参加"七彩夏日""缤纷冬日"夏令营、冬令营集中学习,淮海战役烈士纪念塔和淮海战役纪念馆作为全国中小学生研学实践教育基地的品牌影响力不断提升，研学教育活动实效不断彰显，得到相关中小学校、教育主管部门及广大家长的高度评价。他们都希望研学教育活动能够常态化地走进学校、走进课堂，成为中小学生思想教育校本课程的重要补充。

  为此，淮海战役烈士纪念塔管理局专门编撰了这本《行走中的红色课堂——淮海战役之旅》研学教育读本。本读物的内容不仅包含淮海战役历史知识、文物背后的故事，还包括历史文物的前世今生，将历史精神和现实启示有机结合起来，形式上将近年来开发实施的研学教育课程进行加工提升，形成系统性强、可读性强、人书互动的书面研学教育活动，让青少年阅读起来更直观、更易懂、更感兴趣、更能引发思考和感悟，力图使之成为青少年喜欢的红色文化教育阅读书目和课外教材。

  2019年正值淮海战役胜利70周年和中华人民共和国成立70周年，《行走中的红色课堂——淮海战役之旅》能够与广大青少年见面，我们倍感欣慰，相信这本读物能够为深入贯彻落实习近平总书记视察徐州特别是参观淮海战役纪念馆时的重要指示精神、传承红色基因，为淮海战役精神发扬光大增加新素材，拓展新途径，能够为新时代青少年社会主义核心价值观培育贡献应有的力量，并为淮海战役伟大胜利70周年和伟大祖国70周年华诞献礼。

淮海战役烈士纪念塔管理局局长
淮海战役纪念馆馆长　蒋越锋

目 录

一　巍巍丰碑 / 001

二　决胜千里 / 011

三　集草筹粮 / 021

四　车轮滚滚 / 033

五　鱼水深情 / 047

六　神兵利器 / 059

七　战地百灵 / 071

八　战地之声 / 081

九　雁去鱼来 / 089

十　国计民生 / 101

" 人物介绍

研学小伙伴将带领我们开启研学之旅。

研博士
知识渊博的研学博士

小淮
研学小伙伴

小海
研学小伙伴

一 巍巍丰碑

享誉中外的淮海战役是解放战争中具有决定意义的三大战役之一，是一九四八年十一月六日至一九四九年一月十日，中原、华东两大野战军同国民党军南线主力进行的一场规模巨大的战略决战。

淮海战役在三大战役中解放军牺牲人数最多、政治影响最大、战争样式最复杂。解放军约六十万大军对国民党军约八十万人马，在东起海州、西至商丘，北自临城、南达淮河的辽阔战场上，展开了战略性进攻决战，历时六十六天，歼灭国民党军五十五万五千余人。淮海战役连同辽沈、平津战役的胜利，为中国人民解放军渡江南进、解放全中国奠定了胜利的基础。

一　巍巍丰碑

 文物档案

历史足迹

 博古知今

一　巍巍丰碑

文物档案

淮海战役烈士纪念塔

　　淮海战役烈士纪念塔的设计者是著名的建筑设计大师杨廷宝先生。纪念塔背靠凤凰山,两侧青松衬托,面向朝阳,巍然屹立,直指苍穹,显得格外庄严肃穆。纪念塔高38.15米,正面镶嵌着毛泽东主席亲笔题写的"淮海战役烈士纪念塔"9个苍劲有力的鎏金大字,在日光的照映下放射光芒,寓示着英烈的革命精神与山河同在,与日月同辉。其中最大的字是"淮"字,高2.1米,最小的字是"士"字,高1.73米,9个大字的平均高度在1.88米。

　　塔顶由回形石刻花装饰,粗犷、豪迈。圆形塔徽由五角星、两支相交的步枪、松子和绸带组成,象征着在中国共产党的领导下,中原、华东两大野战军密切协同作战,共同夺取胜利,象征着烈士们的革命精神万古长青及人民对淮海英烈的无限缅怀。

一　巍巍丰碑

淮海战役烈士纪念塔碑文

塔正面下方是隶书碑文，由张爱萍将军撰写，陈毅元帅修改定稿，著名的书法家蒋吟秋书写。碑文以简单的767个字，生动感人、铿锵有力地高度概括了淮海战役的经过及胜利的意义。

纪念塔背面镌刻着中央人民政府内务部的奠基文，隶书，镀金制作。

一　巍巍丰碑

北侧浮雕

南侧浮雕

　　纪念塔两侧的浮雕是我国著名的雕刻家刘开渠指导创作的浮雕。浮雕高度2.62米，总长度为34.5米，共塑造了55个人物形象。浮雕汲取了民间砖刻和中华石刻的艺术精华，人物造型以大块大面的写实手法为主，图、浮、线、雕相结合，刚劲朴实、画面饱满、层次鲜明，与塔的建筑风格协调一致。北侧浮雕由27个人物形象组成，生动展现了解放区人民随军转战、奋勇支前的动人情景。南侧浮雕由28个英雄形象组成，刻画了人民解放军指战员在前方密切配合、勇往直前、克敌制胜的情景。

讲一讲
　　同学们好，在了解了纪念塔的情况后，你能讲讲浮雕的故事吗？

一　巍巍丰碑

历史足迹

1959年4月4日
为了纪念淮海战役的伟大胜利以及缅怀在淮海战役中英勇牺牲的革命先烈，国务院批准在徐州市兴建"淮海战役烈士纪念塔园林"。

1960年2月15日
纪念塔选址徐州凤凰山。

1960年8月6日
纪念塔主体工程正式动工，主要包括纪念塔塔基、塔体及配套的塔四角碑亭、塔前花岗石台阶等。

1965年11月6日

淮海战役发起17周年纪念日,淮海战役烈士纪念塔落成并开放至今。

毛泽东主席亲笔题写塔名

一　巍巍丰碑

博古知今

　　淮海战役烈士纪念塔不仅是一座纪念碑，它更是一座精神丰碑。在远离战争年代的今天，我们要传承红色基因，弘扬淮海战役精神，让一往无前、决战决胜的淮海战役精神成为我们前行的动力。

一　巍巍丰碑

写一写

每个人心中都有最崇拜的英雄,写出他们的名字,并写一写原因。

一　巍巍丰碑

画一画

　　画出你心目中的淮海战役烈士纪念塔。

二 决胜千里

淮海战役创造了以少胜多的战斗奇迹，是中国革命战争史上的光辉篇章。战役中最重要的通信方式就是电报。为了战役的胜利，中央军委在西柏坡夜以继日地运筹帷幄，日夜守候在作战室，将指示和命令通过一封封电报传递到前线。淮海战役中从西柏坡发往淮海战场上的电文多达五百余封，其中毛泽东的亲笔电文就有七十四封。

周恩来同志说：在这里（指西柏坡），一不发人，二不发枪，三不发粮，只发电报。滴滴答答的电报声穿梭在西柏坡与淮海战场之间，滴滴答答的电报声将千里之外的信息传来，为战役的胜利提供了通信保障。

二　决胜千里

 文物档案

 历史足迹

 博古知今

二　决胜千里

文物档案

总前委的电台

这是淮海战役总前委使用的导航型无线传送电台，型号为V-1018，机身长30厘米，宽18.5厘米，高14厘米。

现存文物机身完整，由黑铁皮制成，钢质手提把。

电报的工作原理是通过电从发送端把文字、表格、图像等书面信息变成电信号，电信号由电报线路传送到接收端，接收端再把电信号转换成书面信息。电台是淮海战役中用来发送和接收电报的重要通信工具。

想一想

电台的功能是什么？又是依靠什么来传递信号的？

二　决胜千里

历史足迹

十七世纪
摩尔逊利用静电感应的原理设计出第一台能传出信息的机器——静电电报机。

十八世纪
经过俄国科学家许林格的不懈努力,传输信息的工具有了新的发展,他设计了编码式电报机来传输信息。

1837年
美国画家摩尔斯成功地通过电流的变化发明了电报,通过电流的"通""断"和"长""短"代替文字,这一技术拉开了电信时代的序幕,开创了人类利用电来传递信息的历史。

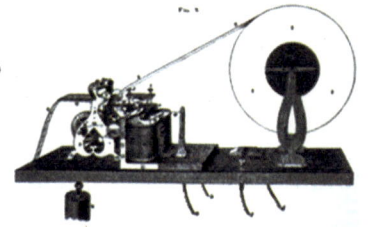

无线电电报机

1871年
中国的电报在上海秘密开通了。

1876年

李鸿章在中国修建了第一条军用电报线路。

利用电键控制一个低频信号发生器的振荡,再被一个高频载波信号所调制,经功率放大,由天线发射,连接信号。电报的每个文字都由不同的电流信号进行组合,形成密码,通过密码的发送传递信息,由报务员进行辨认,翻译成文字。

美国人A.G.贝尔发明了有线电话。有线电话是一种可以通过送话器把声音换成相应的电信号,用导电线把电信号传送到远离说话人的地方,然后再通过受话器将这一电信号还原为原来的声音的通信设备。

1879年

二　决胜千里

探索发现

同学们好,简单了解了电报机,接下来我们动手做一做。

如图,动手制作一个纸杯电话,感受一下声音的传播。

二 决胜千里

小小发报员

通过学习我们知道,淮海战役时期的电报文字是由摩尔斯密码组成,下列图中是一份密码本,打开它,并记住密码,试着发一份电报吧。

```
1 ·————
2 ··———
3 ···——
4 ····—
5 ·····
6 —····
7 ——···
8 ———··
9 ————·
0 —————
```

一 4102	前 2369	原 0184	士 2408	山 2108	牺 4458
退 2289	进 2104	往 5301	战 7917	利 4810	团 3652
支 0133	淮 3904	事 0584	胜 6586	八 4319	烈 6721
援 2813	弟 5218	中 4834	搜 2761	民 5988	决 5732
线 6169	役 5383	撤 5165	华 0545	进 2128	月 0475
亲 0202	炊 1027	人 7394	东 1405	攻 4301	乐 1084
好 7637	索 6582	九 3615	牲 2637	克 3709	文 1896
兄 6543	员 5154	信 3537	结 0223	美 0585	的 0271
海 5926	车 1149	念 0058	纪 2609	天 7865	明 1514
场 3119	工 6498	议 6618	会 6656	号 1591	快 1578
飞 1764	团 4310	员 5557	勇 6766	源 5306	年 2426
机 1642	如 3025	生 0266	艰 2411	不 6708	神 1801
坦 5242	党 6699	东 7013	我 7267	畏 3803	优 4882
敢 6967	共 1994	新 0554	过 7192	寒 8005	险 0130
大 5631	产 4855	活 6312	精 6283	秀 4581	炮 2552

二　决胜千里

博古知今

通过学习，我们了解了信息传播的各种方式和工具，也正是因为人们对无线电信息传播的研究，使我们一步步地迈进了信息化时代。

淮海战役中我军以60万对敌80万取得胜利，情报工作尤为重要，无数的情报工作者更是为战役的胜利献出了自己宝贵的生命。在66天的战斗中，战场情况不断变化，战役的指挥、部队的调遣，靠的都是一封又一封的电报，毛泽东主席发往淮海战役的74封电报大多数是在晚上12点至早晨7点之间发出的，粟裕将军在战场情况紧急的时刻，日夜守候在司令部，发出了一封封电报，有的电报是下达命令，有的电报是鼓舞士气，有的电报是商量战斗方案，有的电报是解决疑难问题，淮海战役中这一封封电报都见证着战役的进程，对淮海战役的胜利起了决定性的作用。

无线电技术的日新月异，为人们的生活和工作都带来了极大的便利，身处和平年代的青年，只有努力学习，刻苦钻研，为研发更新更强的科学技术做出自己的贡献。

二　决胜千里

研学思考

试着分析以下几种现代通信技术的利与弊。

二　决胜千里

说一说

你看过哪些关于情报工作的影视作品？说一说你看完之后的感想。

三 集草筹粮

淮海战役是大兵团作战，粮草等物资消耗巨大，为了不让解放军战士们饿肚子上前线，在战役发起前的一个月里，从黄海之滨到微山湖畔，从渤海平原到泰沂山区，在纵横一千公里的土地上，解放区的老百姓集草筹粮，夜以继日地舂米、磨面。杵臼作为加工粮食的工具，成了后方人民全力以赴支援前线的见证者，仅滨海区就有数十万妇女用这种古老的工具，一个月舂米二千余万斤。解放区各地的筹粮源源不断地送往前线，有力地保障了解放军的作战，为战役胜利做出了巨大贡献。

三　集草筹粮

 文物档案

 历史足迹

 博古知今

三　集草筹粮

文物档案

杵臼

杵臼是最原始的粮食加工工具。据考证早在原始社会我们的祖先就发明了杵臼用以加工粮食。

杵和臼是配套使用的，最主要的功能是用来舂米。杵，有木制，也有竹制或石质，圆柱形或圆锥形。臼，多为石质，也有用坚木凿刻成臼的。大块的整石凿成大口、大肚、窄底的容器，中间有一个锅底状圆坑，周壁光滑。

使用时，手握杵，上下反复锤击盛于臼窝内的稻谷，稻壳便与米粒剥离，这个过程叫"舂米"。此外，还可以用石杵臼将米、豆等粮食击捣成面粉。

讲一讲

同学们好，在了解了杵臼的情况后，你能讲一讲杵臼的历史和工作原理吗？

三　集草筹粮

历史足迹

新石器时代

7000年前

后来，出现了石臼、石杵，它们可以移动，更加灵便，比木臼、木杵适用性更强。

以玉、青铜、铁为材质的杵臼开始出现。

商、周

杵臼，是人类祖先创造发明的经典工具之一。截一段粗树枝，就是杵；地上挖一个坑，便是臼。最初，他们就使用杵臼这种简陋粗笨的工具，加工谷米坚果之类的食物。

在木杵、地臼的基础上，又逐渐产生了木杵、木臼，即伐木后在树柱上挖出圆坑作臼，将粗的树干一头加工成圆头当作杵。

秦、汉

后来，人们以杵臼为原型，创新制造出擂钵，其材质为泥质灰陶或泥质黑陶，形状像盆，盆外壁装饰绳纹、篮纹和方格纹，内壁刻划凹槽，用来研磨淀粉类的食物，或者研磨辣椒、姜、蒜、干鱼等等，还可以淘洗颗粒谷物，体积沉重的砂石颗粒会沉淀于凹槽内，与谷物分开。这是最古老的"淘米神器"。另外它还可以用来烹煮食物，是一器多用的工具。

人们利用杠杆原理在杵臼的基础上发明了碓，用脚踏就可以舂米，比手持式的杵臼省力多了。碓的结构简单，主要是将一根较长的粗木棒安装在木架上，木棒顶端连着石杵，在碓头的下面放置一个石臼。脚踏木杠，驱动倾斜的石杵升起，再抬腿减力，让石杵砸在石臼中，反复起落，就可以去掉臼坑中稻谷或粟谷的皮糠。

人们借助机关利用水力或者牛、马、驴、骡等畜力来代替人力，发明了畜力碓和水碓，极大地提高了杵臼加工稻谷的效率。

三 集草筹粮

历史足迹

南北朝时期
制作杵臼的凿刻工艺、技术的不断改进，使得杵臼的制造水平达到了一个明显的高度。

元、明时

西晋

隋唐时期

杵臼在炊厨、药房等新的场所得到运用。

当阳县侯杜预研究和总结了我国劳动人民利用水排加工粮食的原理和经验，并从中受到启迪而发明了由水轮同时带动几个碓头的连机碓。连机碓的动力机械是一个立式水轮，由水轮驱动一根横向转轴，转轴上装有一些彼此错开的拨板，用转动的拨板来拨动碓杆，使几个碓头一起一落地同时进行舂米，从而提高工作效率。

创新：在石杵头上安装木柄，既可以保证舂杵力量适宜，又可减轻两臂用力，相应提高了劳动效率。

出现灵巧美观的厨用、医用杵臼。

上世纪50年代

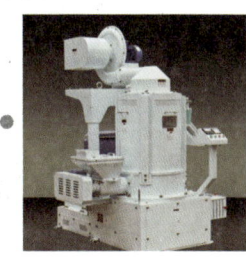

宋、元时期

元末时期

明清时期

出现小石臼，人们用它加工米粉、年糕、麦曲、油渣、药材。

出现纯金银打造的加工珍贵药材的杵臼。

谷物加工机械在我国开始普及。

三　集草筹粮

画一画

　　生活中还有哪些东西运用了杠杆原理,试着把它们画下来吧。

三　集草筹粮

博古知今

通过学习,我们知道杵臼作为农具见证了农业技术的发展。在解放战争时期,它作为舂粮工具为筹集粮草做出了贡献。

兵马未动,粮草先行。淮海战役中,共产党方面并没有现代化手段保障后勤,但老百姓把人力保障发挥到了极致。解放区人民家家户户齐动员,男女老少忙支前,夜以继日地舂米、磨面,赶做军鞋、军衣,供应前线。

舂米工具不够,群众想出了土办法,挖土窑用木杠舂米。钜野县丁官电村一天共捣米3万斤。成武县辛集村一晚挖40多个土窑,20天舂米9万斤。

此外人民群众还制作木臼舂米。任务紧急时,鞋也被派上了用场。

解放区妇女用来搓谷子的新鞋

鄄城县李庄村妇女主任丁秀英,组织妇女们开动脑筋创新舂米办法,她们采取把米晒干再用鞋底搓,搓后再舂的办法,比原来舂米速度加快了一倍。丁秀英为此搓坏了两双鞋。

三　集草筹粮

　　滨海区数十万妇女1个月高质量舂米2 000余万斤,做到米中无糠无壳,面里无砂无麸。冀鲁豫五专区人民突击9昼夜,舂米1 000万斤。渤海区28个县,用1.8万盘碾子碾米2 077万斤。济南宝丰面粉厂的工人,抢修机器,迅速恢复生产,两个月生产1 200万斤面粉。淮海战役纪念馆里陈列着半截木锄棍,曹县的刘大娘用这根锄棍10天舂米300斤,硬生生地把一根一米多长的锄棍磨去了半截,后改做擀面杖用了。

刘大娘舂米用的锄棍

　　据统计,淮海战役期间,解放区人民共筹集粮食9.6亿斤用来支援前线。

　　人民群众手中握着的杵,用来舂米的臼,它们有形也无形,既是物质存在,又是一种精神象征。

　　杵臼工作时持久而专一的运动态势,象征着人民群众持之以恒支援前线的执着精神;杵臼任劳任怨、磨灭自身的形象,象征着人民群众无私无畏的奉献精神;杵与臼齐心协力、配合默契的工作方式,象征着党政军民上下一心、共同取得战役胜利的团结精神。

三　集草筹粮

在远离战争的今天,杵臼的社会功能和实用价值仍然不可估量,科技发达的今天,很多食品加工机械,无不以杵臼为原型,处处隐藏着杵臼的身影和工作原理。"杵臼一族"以它独特的科技含量和市场需求,在人类的生存发展和社会生活中具有十分重要的经济地位,甚至衍生了专属于它的文化。

中国自古以来就有"杵臼之交"一说,比喻交朋友不要计较贫富和身份。

广寒宫里陪伴寂寞嫦娥的,是一只用杵臼捣药的玉兔。在西方,很多国家都把"杵臼"作为药房的一种标志,甚至制作巨大醒目的店招广告。

杵臼无所不在,除了民间传说、诗词文章、广告商标,甚至还渗透入宗教文化。佛门有法器降魔杵,除了降妖伏魔,在人们迷失自我时还可以"当头棒喝",让其醒悟。

回顾杵臼的发展历史,它灵活、可移动、工作场所小的这些优点使它历经8000年,不但没有被现代化机器挤出人们的生活,还在炊厨、药房等场所找到了自己的新位置,这不得不让人感叹中国古代劳动人民的智慧是多么伟大。

杵臼分合自如的架构和碰撞磨合、努力工作的"杵臼精神"是对和平年代的今天人与人之间"和而不同"的最好诠释,也是"和谐社会"的绝妙象征。

三　集草筹粮

研学思考

　　杵臼在工作的时候,会产生哪些力?你还知道哪些与杵臼有关的故事?讲给小伙伴们听听吧。

四 车轮滚滚

自远古时代起,农业就在中国经济中占据着主导地位。勤劳智慧的中国劳动人民发明了各种各样的生产工具,提高生产效率,其中,装载货物多、省力高效的小推车就是典型。

在淮海战役的支前运输中,小推车担当了主力军。据统计,华东、中原、冀鲁豫、华中四个解放区共出动民工五百四十三万人次,共动用了八十八万辆小推车向前线运送物资。

小推车推出的不仅仅是数以亿万计的物资,还推出了淮海战役的胜利以及支前运动中百万民众坚持不懈、心系国家的大义精神。

四　车轮滚滚

 文物档案

 历史足迹

 博古知今

四　车轮滚滚

文物档案

独轮车、小推车

推车有独轮、两轮、三轮和四轮之分。独轮车可在狭窄的跳板、便桥和羊肠小道上行驶,能够原地转向,装卸货物十分便利;两轮车有搬运成件物品的手推搬运车(又名老虎车)、架子车和搬运散状物料的斗车等;三轮、四轮手推车中有回转脚轮,能随着车辆运动方向的改变而自动调整行驶方向,减小阻力。

独轮车,又称鸡公车,是一种简便的、以人力推拉用以运输物品的交通工具,由车架、车轮、车耳构成;全身木质结构,车头稍窄,车把处比肩略宽,车把与车身结合部安装有两个支架,供小推车停放时支撑车身使用。

独轮车车体的设计非常适合穿行于狭窄的田间小路。转弯时,以车轮为轴,可以原地掉头;行进过程中,推车人的双腿与独轮车形成三角支撑,确保平衡;车架两侧可以堆放粮食、工具等物资,承载量可以达到几百公斤。

四　车轮滚滚

探索发现

　　同学们好,简单了解了独轮车,接下来我们动脑筋思考一下吧。

小推车的各个部件都是靠什么连接到一起的?

小推车在行进过程中为什么能够保持平衡?

你能再举出相同的例子吗?

四　车轮滚滚

画一画

你能画出独轮、两轮、三轮、四轮的车子吗?

四　车轮滚滚

历史足迹

裴松之在其于429年完成的对《三国志》的补注中,详细描述了木牛流马的设计:它有一个单独的大型中心车轮,在代表牛的木制支架周围有一个轴。

231年—234年

中国的农耕文化离不开车,在漫长的历史岁月中,"车"虽然在样式、速度、承载量上发生了巨大变化,但作用始终是载人装物,为人所用。

古代史家陈寿所著的《三国志》中指出,231—234年诸葛亮在北伐时使用了木牛流马,并在对曹魏的作战中用于军事物资的运输。

中国马车的历史悠远,河南安阳殷墟的考古发掘表明,至少在商代,马车已被人们用作交通工具。

中国古代的马车也用于战斗之中,一般为独辀(辕)、两轮、方形车舆(车厢),驾四匹马或两匹马。车上有甲士三人,中间一人为驱车手,左右两人负责搏杀。其种类有很多,如轻车、冲车和戊车等。

1980年陕西临潼秦始皇陵西侧出土了一前一后纵置的两辆大型彩绘铜车,即"秦陵铜车马"。

四　车轮滚滚

历史足迹

1886年
世界上第一辆汽车诞生。

1931年5月
辽宁迫击炮厂历时两年,在沈阳试制成功我国第一辆载货汽车,命名为民生牌75型汽车,开辟了中国自制汽车的先河。

1957年7月

1958年5
新中国生产出第一辆载货的解放牌汽车。

我国第一汽车制造厂自行研制生产了第一辆红旗牌高级乘用车,被誉为"东方神韵"。

1909年

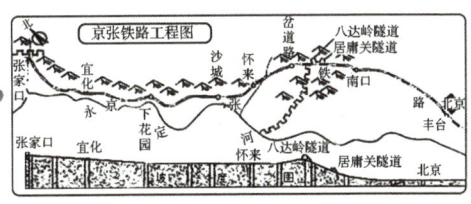

第一条完全由中国人自行设计并施工的铁路——京张铁路通车。这条铁路由铁路工程专家詹天佑主持设计建造。

1825年

火车是19世纪初期第一次工业革命的产物,最早的铁路出现在1825年的英国,世界上第一辆真正意义上的火车就是这条铁路上运行的"火箭号"蒸汽火车,发明者是英国的史蒂芬孙。

四　车轮滚滚

想一想

你能写出几个关于"车"的成语吗?

四　车轮滚滚

博古知今

　　在淮海战役中，为了前线的战士们肚子饿了有粮食、打起仗来有子弹，解放区人民在现代运输工具匮乏、运输条件恶劣的情况下，用小推车这种独特的运输工具，完成了艰巨的物资运送任务，为战役的胜利做出了不可估量的贡献。

　　据史料记载，淮海战役期间正值千里冰封的隆冬季节，白天有国民党军队飞机的轰炸，不能运输粮食。太阳一落山，小推车就开始排着队"吱吱呀呀"地唱着"歌"，秩序井然地逶迤数公里赶向前线。小车上的油灯在漆黑的原野上星星点点，一望无际，煞是好看。正如陈毅元帅说的那样："淮海战役的胜利，是人民群众用小推车推出来的。"无论前进的道路多么崎岖，小推车都会知难而上，冒风雪，战严寒，翻山越岭，长途跋涉，无畏敌机轰炸的危险，克服重重困难，源源不断地把粮食和物资送到前线。

四　车轮滚滚

随着运输工具的不断更新，人们运物载人的方式不断改进，效率不断提高。

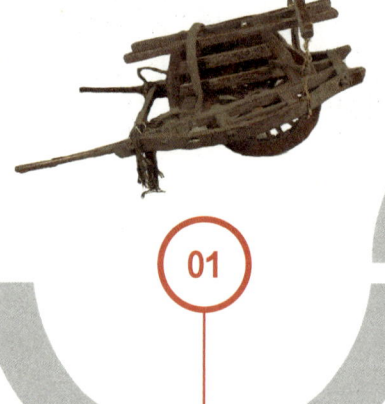

01

一辆小推车，一般能够装载100公斤物资，一天能行进20—30公里。

一辆马车,能够装载500公斤的物资,马越好车速越快,一般一小时可跑近20公里,可连续奔跑100公里。

02

一列**普通火车**40节左右，每一节载重量为80吨，一列火车载重就是3 200吨，假设时速最高为100公里，一天可以跑近2 400公里。

03

05

04

一辆**中型卡车**，载重6—14吨，在高速公路上时速为60—[8]0公里，只要有足够的汽油，理论上一天可以跑1 000多公里。

高铁每节车厢载重3吨，最长13节，时速300公里，一天可以跑7 000多公里。

四　车轮滚滚

连连看

把各种重量的物资和使用的运输工具连线。

  ○　　　　　　○

 ○　　　　　　○

 ○　　　　　　○

 ○　　　　　　○

五　鱼水深情

在淮海战役中,战士们为了民族的解放事业流血牺牲,把伤员及时转运到后方是人民群众支援前线的重要任务之一。据不完全统计,在战役中人民解放军伤员有近十二万人。人民群众组成担架队,冒着枪林弹雨,穿梭在烽火线上,共出动二十万六千副担架,完成了转运伤员的艰巨任务。

转运中,担架队队员以及后方广大人民群众全心全意、无微不至地爱护伤员,照顾伤员,充分体现了人民军队与人民群众之间的血肉关系和鱼水深情。

五　鱼水深情

 文物档案

 历史足迹

 博古知今

五　鱼水深情

文物档案

担架

担架，是一种便于病人与伤员躺卧与转运的工具。人们将十几厘米粗、三米多长的原木锯成两半，做成担架的骨架，两头各砍一个槽，用皮带或比较结实的布制作两条宽约3厘米、长1米多的带子，绑在骨架的槽内。担架两头各有一名担架手，将带子搭在肩上抬起担架。抬担架的人员要身强力壮，并且两个人的身高要差不多，保证担架的平衡、稳定。

想一想

你见过哪些担架？说一说它们的结构和用法。想一想现在的担架都是用什么材质做成的？你能用日常所见的工具做一个简单的担架模型吗？

五　鱼水深情

历史足迹

春秋战国时期

早在春秋战国时期，就出现了担架的雏形。那时的担架是以树枝、竹竿、床单、门板等制作完成，主要为平板结构，材质单一，抬运伤员时将伤员放置其上，4—6人抓住担架的边角将其抬起。

1886年

俄国研制和使用了以帆布为担架面，担架杆为木质结构的"野战担架"。

淮海战役时期

担架大致分为四种：担架床、担架车、棚式担架、靠背式担架。

1989年

担架床：可以转运各种伤情的伤员，将伤员放置于担架上就可以进行转运，使用方法简单。

担架车：是在担架床的基础上在下方加上轮子，运送伤员时更便捷省力。

棚式担架：是在担架床上用蓑衣或者木板搭起车棚，可以防雨防雪，保护伤员。

靠背式担架：整体材料全部用木头制作，身下木板可以调节高度，伤员可以在担架上保持坐立姿势，木质结构更加方便固定伤员。

参照国际标准，我国颁布了《中国成年人人体尺寸》国家标准，规定了担架的标准：长2.290米，宽0.585米，高0.14—0.18米。这种担架体积小、重量轻、结构简单、展收迅速，适用于阵地抢救环境，结实耐用，安全可靠。

五　鱼水深情

想一想

　　试着分析一下淮海战役中的担架与现代担架的区别。

五　鱼水深情

博古知今

通过学习我们知道淮海战役中使用了哪些担架,以及现代社会中各种担架的用途。在淮海战役中,担架及时转运了伤员,降低了部队减员,鼓舞了战斗士气,提升了部队战斗力,有力地保证了战役胜利。那么在战役中还有一群人,他们奋不顾身、长途跋涉、转送伤员;他们不辞劳苦、日夜兼程。为了保护伤员,他们学习抬担架的方法,熟练掌握抬担架的技巧;为了抢救伤员,他们即使有病在身,也不愿休息,忍痛坚持;他们视伤员如亲人;为减轻伤员痛苦,他们想出不同地形抬运不同伤势伤员的对应方法,制作出不同形式的担架。遇到飞机轰炸时,他们总是先隐蔽伤员,来不及隐蔽,就扑在伤员身上,宁肯牺牲自己,也不愿伤员再次受伤;遇到雨雪天气时,他们拿出自己的被褥、蓑衣、狗皮,甚至脱下身上的衣服为伤员取暖避寒,遮风挡雨。他们用嘴给伤员吸痰,用自己吃饭的碗、喝水的杯子给难以行动的伤员接大小便,这就是淮海战役中的担架队员们。他们时刻为伤员服务,日夜照顾伤员,从前方到后方,从火线到医院,处处涌现着动人的军民鱼水情。也正因为如此,担架在阵地上就是希望,担架队员身上所体现的精神,在战场上起着不可忽视的作用。

现如今,担架无处不在,一次一次转运着受伤人员,哪里有人受伤哪里就有担架。战时,担架能有效完成各种救治任务,平时,能用于突发事件的灾害或医学救援保障。担架的设计者更是在改进和设计多功能担架的道路上不断前行,为我国救护和医疗事业的发展做出了巨大贡献。

五　鱼水深情

随着科学技术的进步，人们研究出更多用途的担架。

负压充气垫式固定担架主要用于搬运多发性骨折及脊柱损伤的伤员，充气垫可以适当地固定伤员的全身。

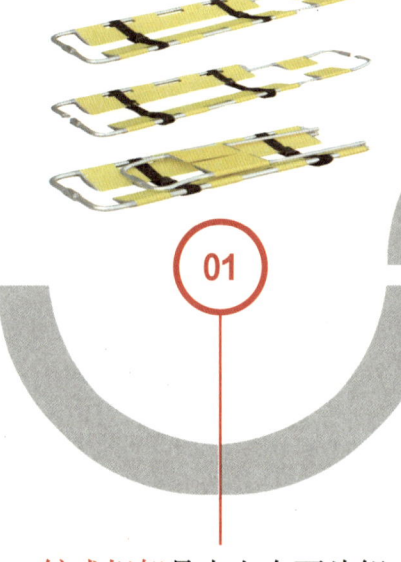

01

02

铲式担架是由左右两片铝合金板组成。搬运伤员时，先将伤员放置在平卧位，固定颈部，然后分别将担架的左右两片从伤员侧面插入背部，扣合后再搬运。

罗宾逊担架是海军舰艇上的常用担架，为无杆半硬式，可抬可拖，方便上下舷梯，适合在舰艇等狭窄空间中使用。

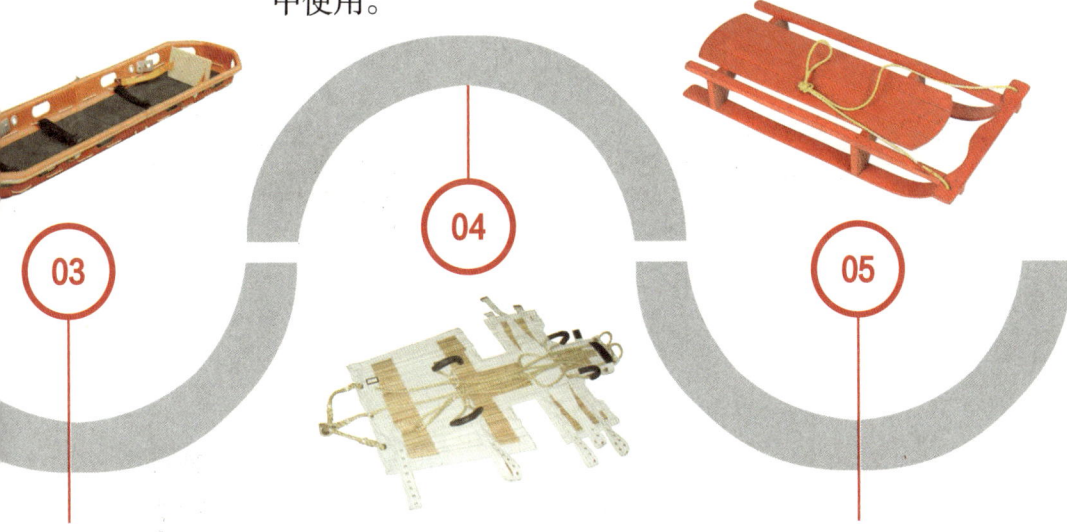

④

③

篮式担架也叫"船型担架"，造与其名称相似，像一艘"小船"。运被困人员时，将被困人员置于架内，担架在四周"突起"边缘配正面的扁带将被困人员"封闭"在架内部，防止伤员脱离担架。

⑤

雪地沙漠担架是木质或者钢铁结构，形似雪橇，可以滑行，担架上配有安全带用于固定伤员，防止晃动，主要适用于雪地和沙漠地区。

五　鱼水深情

说一说

你能说一说下面各种担架的特点和用法吗?

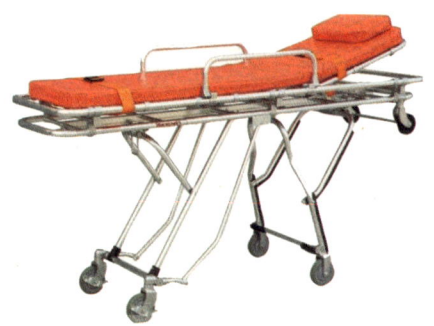

五　鱼水深情

研学思考

在淮海战役中,有三件物品被称为"三件宝"(如图),你能说一说这"三件宝"在转运伤员过程中的作用吗?

五　鱼水深情

写一写

你能为未来设计一副新型担架吗？请写出你的设计理念和用途。

六 神兵利器

人民解放军参战部队共约六十万人,只有火炮一千三百六十四门,坦克二十二辆,而国民党军则拥有八十万重兵,四千二百一十五门火炮,二百一十五辆坦克,一百五十八架飞机。国共双方军力悬殊,国民党军在兵力和装备上占有绝对优势。

为了弥补炮火的不足,解放军战士发扬军事民主,集中广大指战员的智慧和力量,普遍推广在战前试制成功的"飞雷"。这种土制武器在淮海战役中被大量使用,对弥补解放军炮火不足起到了重要作用。

六　神兵利器

 文物档案

 历史足迹

 博古知今

六　神兵利器

文物档案

炸药发射筒

炸药发射筒又叫"飞雷",是在解放战争时期,为了弥补炮火不足,战士们用汽油桶自制的土制武器。

炸药发射筒构造简单,杀伤力强。将汽油桶顶盖去掉,在筒内最底部放上黑色火药,然后在上面放一个圆形厚木板,绑上炸药包并加入延期雷管,最后点燃汽油桶外面连接黑色火药的导火索,火药的推力就可以将炸药包以抛物线的形式投射到国民党军的阵地上。一般可发射50—70公斤炸药,射程为150—200米。

想一想

说一说生活中你所见过的用到炸药发射筒原理的物品有哪些?

六　神兵利器

历史足迹

中国的抛石机最早出现于战国时期，是纯用人力的抛石机，这可以被看作火炮的始祖。

春秋·唐末

我国在世界上首先发明了火药，火药的出现必然导致火药武器的诞生。唐朝末年，火药用于军事后，人们把火药做成火药弹，代替石块，由抛石机发射出去，这便是原始的"火炮"雏形。

战国时期

古代中国人民制造出了世界上最早的金属管形火器。

明军使用的红夷大炮

明朝前期

清政府为适应统一全国及平定三藩叛乱等战争的需要，大量仿制火炮，但是清朝对红夷大炮没有进行过任何技术革新，只是一味加大重量，以求增加射程，火炮的制造工艺远远落后于西方。

● 宋末元初

出现了世界上最早的以火药燃烧形成的压力喷射火焰、发射弹丸的管形火铳。

● 南宋

欧洲火炮开始传入中国，其中影响较大的有弗郎机铳和红夷炮。

清代

六　神兵利器

写一写

同学们好,了解了解放军自制武器的情况,接下来我们动动脑筋,从使用抛石机发展到使用火药武器,它的进步表现在哪些方面?

六　神兵利器

博古知今

淮海战役中，人民解放军参战部队约60万人，火炮只有1 364门，坦克22辆，而国民党军则拥有约80万重兵，4 215门火炮，215辆坦克，158架飞机。由此可以看出，国共双方军力悬殊，国民党军在兵力和装备上占有绝对优势。

淮海战役国共双方兵力武器对比表

	人民解放军（65个师/旅，约60万人）	国民党军（82个师/旅，约80万人）
总兵力	2个野战军	7个兵团
	24个纵队（军）	2个绥靖区
	7个军医部队	34个军
武器装备	1 364门火炮	4 215门火炮
	22辆坦克	215辆坦克
	0架飞机	158架飞机

面对着武器装备强于己方数倍的国民党军，解放军战士们并没有害怕，而是发扬了创新精神。为了弥补炮火不足，战士们充分利用火药和炸药的威力，自制了大量的武器。

六　神兵利器

1	2
3	4
5	

1. 选用坚硬木材制作飞雷弹
2. 在木盘上钻孔安装导火线
3. 用烈性炸药、生铁碎片及雷管等组装弹体
4. 用土布和电线捆扎飞雷弹
5. 制作完成放入发射筒

炸药发射筒的制作过程

六　神兵利器

炸药发射坑

在距离前沿阵地不远处,挖一个簸箕形土坑。坑内放上黑色火药,上面放上木板。木板的上面放上几颗手榴弹和碎石,将手榴弹的弹弦固定在坑内底部的一根铁丝上。点燃火药的导火线,利用火药的推力将木板上的手榴弹和碎石抛射到敌人的阵地上。

"棍炮"指的就是解放军炮兵使用迫击炮抛射炸药包。他们把炸药包捆在一根木棍上端,木棍下端则装上炮弹,放置于迫击炮筒内,作为抛射的动力。因为使用了木棍,国民党军称其为棍炮。

发射炸药使用的八二、六〇迫击炮

六　神兵利器

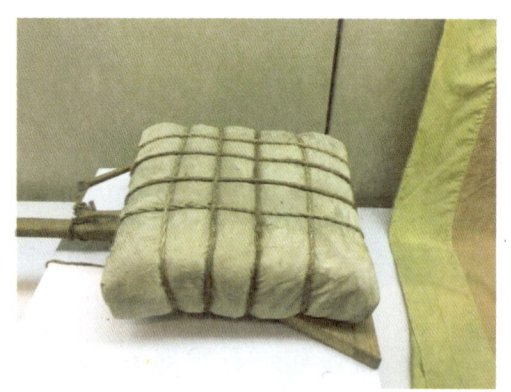

反坦克土炸药包

土制炸药包多为我军的野战部队工兵自己生产的,不用远途搬运,所以这种炸药包使用炸药量较大,无论爆炸力和杀伤力,它都远远超过了兵工厂统一制造的那种炸药包,这种土炸药包成为我军炸毁国民党军的地堡工事、坦克和装甲车的有效武器。

这些土制武器在淮海战场上对抗着美式飞机、大炮和坦克,创造了以弱胜强的战争奇迹。历史证明,人的智慧是无穷的,没有克服不了的困难,只要努力钻研,勤于动脑,必能取得胜利。

木质手榴弹

六　神兵利器

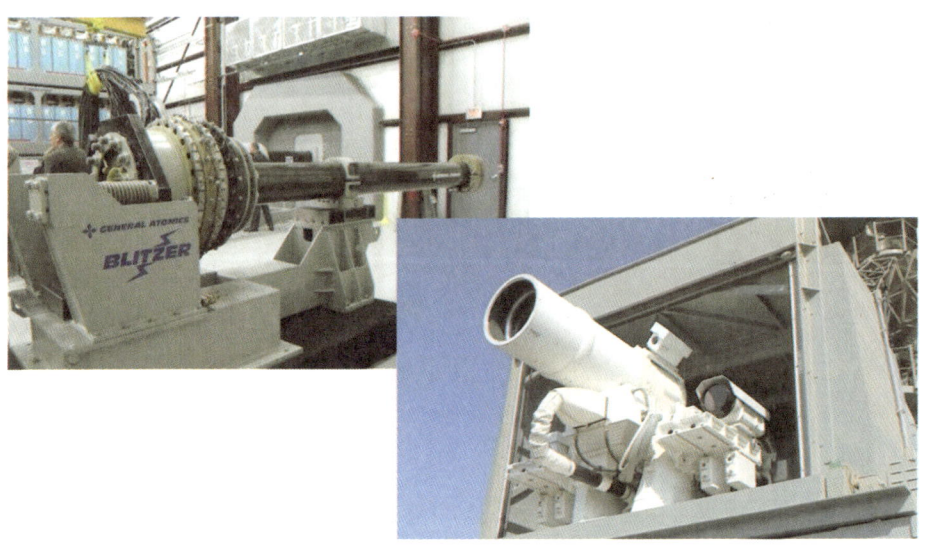

　　在现代立体化战争中,武器装备仍然是战斗力的核心。第二次世界大战以来,科学技术的飞速进步,特别是微电子、计算机、光电子和新材料等技术的发展,使火炮在设计、制造和使用方面有了一系列变化,大大加快了火炮更新换代的步伐。现代火炮早已不是单纯的机械装置,而是与先进的侦察、指挥、通信、运载手段以及高性能弹药结合在一起的完整的武器系统。因此,提升包括不断发展的威力、反应速度和机动能力在内的综合性能,是火炮系统发展的必然趋势。近年来,高新科学技术在兵器领域的应用,引发了火炮技术的重大变革。液体发射药火炮、机器人火炮、电磁炮、电热炮、激光炮等新型火炮的出现,揭开了火炮发展史上的新篇章。

六　神兵利器

 画一画

设计一个你心目中威力最大的武器。

七 战地百灵

淮海战役中有这样一群战士,他们没有枪,竹板就是他们的武器。他们就是战地百灵——文工团员。

战斗前夕,清脆的竹板声伴着劝降诗通过广播响彻在敌人的阵地上空,摧毁他们的意志,瓦解他们的军心,不用枪不用炮,照样让敌人缴械投降。行军路上,当解放军的队伍里响起清脆的竹板声,振奋人心的枪杆诗就开始在战士们中传唱,扫去连夜行军的疲惫,不仅鼓舞战斗意志,还为伤员带来安慰。

鼓舞士气,打击敌人,战地百灵们的武器——竹板功不可没。

七　战地百灵

 文物档案

 历史足迹

 博古知今

七　战地百灵

文物档案

竹板是为各种说唱曲艺进行节拍伴奏的工具，材质大多为不带竹节、没有虫蛀和劈裂的毛竹。

竹板构造简单，由两个长16—19厘米、宽7—8厘米、厚1厘米的方形竹板组成。竹板上端有孔，绳子从孔洞串连打结，竹板下端可以自由开合互相撞击发出声音。

使用时，自然站立，右手半握住后板下端，肘和手腕向前推动，撞击前板，发出声音。有规律地重复这一动作，就可以发出有节奏的音点来伴奏。

竹板

想一想

说一说你所见过的打击乐器有哪些？除了用"竹子"这种材料，还可以用什么材料制作"竹板"？

七　战地百灵

历史足迹

宋代

清代

到了清代，历经数个朝代，沿街乞讨时唱的"莲花落"演变成了街头艺人"撂地"卖艺的即兴说唱表演形式"数来宝"，节拍伴奏工具由竹板替代牛骨，并逐渐普及。

"竹板"是为说唱进行节拍伴奏的工具，历史久远。宋代乞丐乞讨时演唱的"莲花落"是最早被记载的传统说唱形式，他们用两块牛骨互相敲击为说唱伴奏，是快板、竹板书等传统说唱艺术的雏形。

清末民初

出现了"竹板书"等用竹板伴奏的说唱表演,并从街头卖艺的形式,演变成了在剧场登台演出的"竹板艺术"。

土地革命战争—解放战争期间

中国工农红军各部队从士兵中挑选优秀分子组成宣传队,创新出:"枪杆诗""快板书""顺口溜"等适应军队的"竹板艺术",用来宣传政策、鼓舞士气。解放战争爆发后,"竹板艺术"成了解放军文工团用来打击敌人意志的有力武器。

新中国成立后

用竹板伴奏的传统说唱艺术,真正成为了一种艺术形式,得到了极大发展。

七　战地百灵

读一读

读一读这首竹板诗,并用手或可敲击出声的常见物品打拍子。

新鲜新鲜真新鲜,

战壕地堡过新年。

扭秧歌,唱快板,

来向同志们拜个年。

一祝同志们新年好,

二祝同志们立功劳。

七　战地百灵

博古知今

淮海战役期间,在战火纷飞中,我军的文工团员们创作了大量的"枪杆诗",内容题材广泛,涉及战地生活、弘扬模范、赞颂武器、展望未来等。这些诗歌往往是在紧张的战斗间歇中被创作出来的,时效性相当强,打起竹板就可以演。从编、演到传唱,整个过程十分迅速,对鼓舞士气起到了极大的作用。

在追击敌人的急行军路上,竹板声响起:"庆祝济南大胜利,继续打个大胜仗,哪里有敌人,就向哪里进,誓把蒋匪军,消灭干干净净!";"追上去追上去!不让敌人喘气,追上去!追上去!不让敌人跑掉!……不怕困难,不怕饥寒,逢山过山,逢水过水,乘胜追击……"。战士们一边急行军,一边和着文工团员们高唱,到处都是高亢的口号声和歌声,战斗情绪高涨。

文工团在火线演出,经常伴着隆隆的炮声,来不及化妆,用锅烟灰往脸上一抹,就说起快板来,经常演出到一半,战斗就开始了。文工团员们立即改变演出内容,打着竹板唱道:"战士同志准备好,子弹上膛枪上刀。敌人已经乱了套,快快冲上去,快为人民立功劳!"

七　战地百灵

　　面对新解放战士,文工团员们打起竹板表演《两个部队不相同》,以对比手法表现解放军与国民党军的不同本质,节奏明快,形象生动,一人说众人和,加上画龙点睛的表演动作,解放战士们情不自禁一起和道:"不同不同真不同,两个部队不相同。"

　　文工团的竹板不仅可以鼓舞士气,在打击敌人方面,也不输给枪炮。

　　淮海战役中,战士们在战壕里迎来了新年,文工团载歌载舞来到前沿阵地,用对敌喊话的广播打起了竹板:"新鲜新鲜真新鲜,战壕地堡过新年。扭秧歌,唱快板,来向同志们拜个年。一祝同志们新年好,二祝同志们立功劳。今年更要打得好,野战健儿逞英豪!";"小红旗,红彤彤,指挥我们打冲锋。打好新年第一仗,革命到底立新功。";"哎,哎,今年过年真正好,解放同志来得巧。我们这里吃猪肉,敌人那边啃麦苗。"解放军阵地上欢声笑语,这一切深深地吸引着对面的敌人。

七　战地百灵

在解放军文工团员们的竹板声中,前来投诚的敌人从零星到大批,从士兵到军官,从前沿到纵深,从黑夜偷跑到白天公开出来,不断增多。在战役第三阶段战场休整期间的二十天里,相继投诚者就有一万四千多人,约等于敌军两个多师的兵力。

竹板,配合着文工团员们的枪杆诗,在解放战争中,瓦解敌军意志,打击敌军士气,发挥了不可估量的精神激励作用,为解放军作战胜利作出了贡献。人称"快板大王"的毕革飞同志赞誉它说:"歌唱英雄唱胜利,批评具体又实际。拿它娱乐都欢喜,指导工作有意义。"

竹板艺术可以发展到今天,与它自身的特点密不可分。竹子这种材料遍布各地,使得表演工具竹板的材料成本很低,甚至可以就地取材,并且易制作,使用方法简单,易学好懂;竹板艺术表演起来不受场地限制,哪里有空地,就在哪里演;表演者触景生情,即兴编词,随编随唱,使得说唱内容生动有趣又具有时效性,非常能吸引人。

在中国经济快速发展、综合国力不断增强的今天,富裕起来的人民群众不再满足于物质生活,而是要寻求精神生活的充实与满足。"101""坤音X子"等演艺圈兴起的各种"偶像团体"越来越多地出现在电视、网络等各种媒体上,吸引着我们的眼球,充斥着我们的大脑,这种快起快消的泡沫文化到底可以带给我们什么呢?突然很火爆的《中国有嘻哈》等选秀节目撩起了很多人对西方的说唱艺术的关注,那么我们传统的民族文化中的说唱为何并未被世界知晓?怎样将竹板艺术这种传统的民间曲艺创新并传承下去,正是我们年轻一代应该思考的问题。

七　战地百灵

研学思考

结合当前在国内演艺界兴起的说唱艺术形式，谈一谈你对传统说唱艺术未来发展的看法。

试着写一段押韵的顺口溜，自己用适当的节奏念出来。

八 战地之声

七十年前在淮海战场上有这样一群人,他们没有枪,战争中他们的身影出现在战火纷飞的前线,出现在百万支前民工大军中,出现在野战医院临时搭起的手术间里,出现在解放军战士们的身边。

他们一次次地冒着枪林弹雨,穿梭在生死线上;他们为我们留下了珍贵的历史资料,还原了历史的原貌;他们是不拿枪的战士,用相机把一个个珍贵的历史瞬间定格为永恒,他们就是战地记者。

八　战地之声

 文物档案

 历史足迹

博古知今

八　战地之声

> 文物档案

战地记者拍摄的历史照片

　　战地记者又称作"随军记者",是指战争中报道新闻的记者。他们根据亲身经历和见闻所采写的战地现场新闻或目击新闻就是战地报道。

　　在淮海战役纪念馆的展厅里展出有上千张历史照片,它们记录了战争最真实的瞬间。然而在浩瀚的馆藏图片中,我们竟没有找到一张战地记者的照片。这些历史的记录者跟随着战士们奔跑在炮火纷飞的战斗一线,为我们记录下最珍贵的历史瞬间,他们是幕后英雄。

想一想

　　战地记者是战士吗?战地记者是用什么记录战场状况的?你能说出他们拍摄照片时使用的工具吗?

八　战地之声

历史足迹

19世纪初

战地记者最早出现在西方国家，19世纪在欧洲诞生，是随着近代报业与军事的发展而出现的，迄今已经有200余年的历史。战地记者贯穿了整个近现代新闻史，也贯穿了200年来的战争史。

16世纪

威尼斯城里产生了世界上最早的记者。由于商业的发展和生意上的竞争，出现了专门采访和出售政治、行情、船期等手抄新闻信息的职业，这就是最早的"新闻记者"。

1854年

被后人尊称为"第一个职业战地记者"的英国《泰晤士报》记者威廉·霍华德·拉塞尔随英军远征马耳他,他在《泰晤士报》上发表的《轻骑兵旅冲锋》成为战地通讯名篇。拉塞尔树立了战地记者的基本行为准则——真实、客观地报道所见所闻。

1872年

中国的《申报》创刊后,有了记者这个职业。

中国的职业记者队伍不断扩大,涌现出了以黄远生、邵飘萍为代表的优秀新闻记者。

民国初年

1919年后

五四运动以后的现代著名记者邵飘萍、戈公振、范长江、穆青等,为我国当今的新闻记者树立了光辉的榜样。

八　战地之声

想一想

哪些是记者需要使用的工具？

照相机　　　　　　笔记本和笔　　　　　　录音笔
（　）　　　　　　（　）　　　　　　　　（　）

八　战地之声

博古知今

淮海战役期间留下的很多珍贵的历史资料,有照片、视频、宣传画报等,这些都是许许多多奋战在一线的战地记者留下的。在战场上,放下相机的他们和普通的战士一样,勇敢面对敌人,保护自己的战友。而当他们拿起相机时,他们就是战地记者,为人们记录下战争最真实的瞬间。

当年的华野7纵20师战地记者李亚白说过一句话:"既然我没法阻止战争,那我就把战争真相告诉世界。希望后人永远记住革命历史。"

八　战地之声

在战争年代,没有完善的条件,更不可能有系统的培训,每一位战地记者都是在战场上实实在在磨炼出来的。一位曾经参加过淮海战役的亲历者回忆,当年战场上的胶卷十分稀缺,按计划分配,不敢放开使用,那么多值得宣传、记录的瞬间,却苦于没有胶卷拍摄,后来他们想办法用医用的X光胶片或电影胶片替代,凑合着用。今天展馆中的照片都是战地记者不顾生死安危穿梭于枪林弹雨中,将解放军战士们辉煌的瞬间定格为永恒。

战争期间留下的照片和文字资料,在那个特殊时期鼓舞着革命队伍的士气,树立起人民群众的信心。这是一群与死神经常擦肩而过的人,他们冒险、冲动、热情,充满责任感,他们的工作就是力争在被不可预料的枪击、炸弹、炮弹或地雷夺去生命之前,用文字、声音或图像将战争记录下来,向世界真实地传递着战争的残酷。

战地记者书写了新闻史上带着战争记忆的作品,既见证了一个个国家和民族的兴衰荣辱,也为世界新闻史增添了别样的风采。

研学思考

战地记者身上有哪些精神值得我们学习?

九　雁去鱼来

淮海战役时期，及时传递邮件、报纸，保证前后方信息畅通，对鼓舞部队士气、稳定民工情绪、密切各方联系有着重要的作用。为此，华东支前委员会专门成立了支前邮局，抽调了三千名干部与交通员奔赴前线，建立了数条支前邮线。华东支前邮局的工作大多处在新环境中，且临近战场，情况复杂，变动极大，联系非常困难，交通工具简陋。在这样困难重重、环境复杂的情况下，邮政人员翻山越岭，忍饥耐寒，圆满完成了战时邮政任务。华东支前邮局的邮政人员为前线部队和民工收发投递各种信件三百四十九万封，报纸、文件三十余万捆。

九　雁去鱼来

 文物档案

 历史足迹

 博古知今

九　雁去鱼来

文物档案

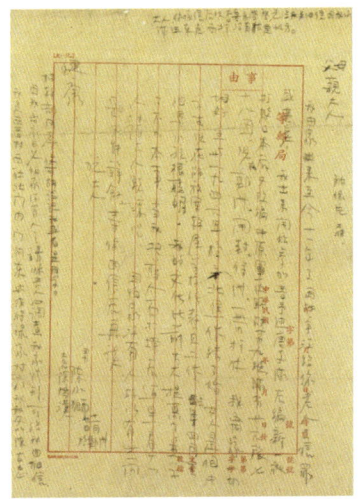

烈士家书

家书又叫家信,是家庭成员间彼此往来的信件。战争时期的"家书",除了在传递信息、寄寓亲情方面与普通家书相同外,又因特定的战争环境,拥有非同一般的意义和历史价值。

淮海战役纪念馆里陈列了很多烈士家书,纸张大多已泛黄,但字迹仍清晰可辨。

战士们在战场写好的家书,交给与部队随行的交通员,交通员主要通过肩挑、人背、骡马运输等方式送到各个交通站,再由交通站的交通员继续传递,直至送到家属手中。

想一想

在现代社会,我们通过什么机构能把信件邮寄出去?除了写信,还有什么方式可以互相联络?信封上要贴什么才能把信寄出去?

九　雁去鱼来

历史足迹

商代

我国邮政的发展史最早可以追溯到商代。殷商盘庚年代已出现有组织的通信活动，当时的甲骨文中有边戍向天子报告军情的记述，其中有"来鼓"二字。经考证，"来鼓"即类似今天的侦察通信兵。

商末周初

在《诗经》中有关于"简书"的记载，官府的紧急文书用兽骨刻上文字由通信兵利用邮车、快马传递，这也是邮驿的前身。

周代

有了利用烽火台通□的方法。烽火台是古时□于点燃烟火传递重要消□的高台，是最古老也是当□最有效的消息传递方式。

秦代

秦始皇统一中国后,制定了我国最早的《邮驿法》,在全国修驰道,"车同轨、书同文",建立了以国都咸阳为中心的驿站网,制订了邮驿律令,如竹简怎样捆扎、加封印泥盖印以保密,如何为邮驿人马供应粮草,邮驿怎样接待过往官员、役夫等。

汉代

邮驿继承秦朝制度,并统一名称叫"驿"。

宋、元时期

由于军事范围以及疆域的扩大,国内的驿站越来越多,便将邮驿改名为驿站。驿站是官府的通信组织,只传递官府文书。

九　雁去鱼来

历史足迹

明代

明代永乐年间，由宁波帮商人首创的"民信局"是专为民间传递信息的通信组织。它是由私人经营的赢利机构，业务包括寄递信件、物品、经办汇兑。民信局开始出现于交通方便、贸易发达的沿海城市，以后逐渐发展到内地。

宋、元之后

出现了一种颇具特色的华人民间企业——侨批局，实际上就是侨信局，因为福建方言把"信"叫作"批"，所以把为华侨通信服务的侨信局称为侨批局。它是一种专为华人移民汇款和递送信件、兼有金融与邮政双重职能的经济组织。

1840年—1911年

自1840年中国沦为半殖民地半封建社会后，英、法、美、德等国在中国领土上任意开办他们自己的邮局，清政府把这些掠夺中国邮权的外国邮局称为"客邮"。

1878年7月

清政府发行了第一套大龙邮票，并于次年将所办邮局命名为具有殖民地色彩的"海关拨驷达"。海关兼办邮政也是中国沦为半殖民地的产物。鸦片战争后，中国丧失关税自主权，由英国人赫德任总税务司，管理中国海关。

1896年

清朝光绪皇帝批准开办大清邮政官局，虽将"海关拨驷达"改称为大清邮政官局，但邮政大权仍然操纵在英、法等外国人手中。

1911年

辛亥革命后，大清邮政改为了中华邮政，但邮政大权依旧操纵在帝国主义者手中。

九　雁去鱼来

画一画

　　利用自己身边的元素,你也来设计一张邮票吧。

九　雁去鱼来

博古知今

家书是家人亲友之间沟通信息、表达情感的工具,它除了叙述家庭琐事外,也反映了某一时代的社会风云、历史事件,承载着丰富的历史和文化信息。

寄信的人也许是落笔在战火纷飞的战场,也许是写于阴森的牢房,又或者疾书于告别生命的最后时刻。正所谓,"烽火连三月,家书抵万金",一封家书对于战士们来说是一种情感的寄托,是战士和家人们的精神慰藉。

九　雁去鱼来

　　为了保证这些珍贵的信件能够及时送到家人手里,在淮海战役期间,解放军加大了通信支援,组织和扩大了随军邮政机构支援战争。在各野战军政治部之下都建立了军邮总局,在各兵团、纵队和师团中设立了许多军邮分局、支局和军邮站,组成了一个完整的军邮通信系统。交通员们通过徒步、人背、肩挑、骡马运输以及骑自行车等方式,传递邮件。

　　交通员有时白天要跑几十里路,晚上还要继续跟着部队行军,有时部队一昼夜行军二三百里路,他们就带着邮件一站一站地跟着跑。如果连续行军十天半个月,他们经常几天几夜不睡觉,而且到了各地后,又要立即投入前线的战地通信工作。

　　从事战时通信工作的前辈们,把一切都献给了党和人民的通信

九　雁去鱼来

事业。他们在遇到敌人的时候,不惜"与文件共存亡",用生命保住党的重要文件,写下了无数可歌可颂的光辉篇章。战时邮政极大地鼓舞了部队的斗志,稳定了民工的情绪,对战争取得胜利起到了重要作用。

邮政是关系国家主权、信息安全,事关国计民生的特殊行业,不仅曾经对淮海战役的胜利有着重要的贡献,在和平年代的今天,也对整个社会的政治、经济、文化的发展起着不可替代的作用。

随着科技不断进步,又相继出现了电报、电子邮件、短信、微信等更为便捷的交流手段,未来,邮政还会朝着多元化、无人技术取代人工等方向发展,甚至会出现自助服务终端,给人们的生活和工作带来更大的便捷,也进一步拉近人与人之间的距离。

研学思考

战时邮政发挥了哪些作用?

1) 发送电报(　　)　　2) 传递书信(　　)

3) 传递文件报刊(　　)　　4) 转送烈士遗物(　　)

5) 传递慰问袋(　　)　　6) 鼓舞士气(　　)

九　雁去鱼来

写一写

在快节奏的现代社会，静下心来，给自己的家人或朋友写一封信吧。

十　国计民生

淮海战役期间，在经济方面，国统区每况愈下，物价飞涨，民不聊生，直到发行金圆券前，国统区内流通的法币发行量已达一千二百万亿，是三年前同期的九百倍。滥发钞票引发了通货膨胀。一元法币，一九三七年可以购买两头牛，到了一九四八年只能买到两三粒大米，许多人为了生计卖儿卖女，北京、上海、南京等地爆发示威游行，反饥饿、反内战斗争此起彼伏。

十　国计民生

 文物档案

 历史足迹

 博古知今

十　国计民生

文物档案

法币、金圆券

法币是"法定货币"或"法偿币"的简称。1935年，在英、美等国的支持下，国民政府开始进行货币制度改革，推行法币制度。解放战争期间，由于国民党政府滥发货币，导致了严重通货膨胀，法币急剧贬值，最终彻底崩溃。

金圆券是国民党政府在解放战争后期为支撑其处于崩溃边缘的局面而发行的一种本位货币。1948年8月19日开始发行，至1949年7月停止流通。由于大量发行，且没有遵循经济规律，导致恶性通货膨胀，使得金圆券发行不到一年就停止流通了。

想一想

你知道法币和金圆券分别是哪一年发行的吗？你知道法币和金圆券上的头像分别是谁吗？你知道人民币十元、五十元和一百元上的图案都是哪里的风景吗？

十　国计民生

历史足迹

夏商周时期

货币是人们生产生活中不可或缺的流通物。在古代"物物交换"时期，游牧民族以牲畜、兽皮等作为交换物，而农业民族一般用五谷、布帛、农具、珠玉等作为交换物。后来因牲畜不能分割、五谷会腐烂、珠玉数量少等原因，逐渐发展集中到使用海贝这一实物货币，以便于携带和计数。夏、商时期流通较广的实物货币便是天然贝，一直沿用到春秋时期。

春秋战国时期

春秋战国时期货币的一大特点是铸造的种类繁多。那时，主要货币有四种，即布币、刀币、蚁鼻钱和环钱，其中环钱是后世圆形方孔钱的前身。

随着商品交换的扩大，贝币的流通数量日益庞大，天然贝资源有限，供不应求，社会上便出现了仿制贝。仿制贝从石贝、骨贝、陶贝等逐渐发展为用铜铸造的铜贝，使古代货币进入了一个新的发展时期。

汉朝、三国、两晋、
南北朝、隋唐、五代十国时期

秦统一中国，
也统一了货币，规
定黄金为上币，单
位"镒"；铜为下币，
单位"半两"。

唐朝

秦朝

　　五铢钱是我国钱币史上使用时间最长的货币，先后有10多个王朝和政权、20多个帝王铸行过。五铢钱重五铢，上有"五铢"二字。

　　开元通宝为唐代的重要货币，也是唐代发行量最大、沿用时间最长的货币。由于其质量合理，通货控制得当，钱币做工比较精美，故深受百姓喜爱。

十　国计民生

历史足迹

交子，是中国最早发行的纸币。

北宋、元、明、清

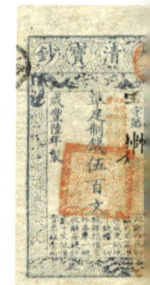

北宋时期(1023年)

北宋的"银票"是中国也是世界上最早出现的银票。元朝以使用银票为主，明初承元制。清初不印制银票，后由于国家财政困难，印发"户部银票"，简称"官票"，以后又发行"大清宝钞"，简称"宝钞"。

中国共产党领导下的中国人民银行发行了第一套人民币,在稳定解放区经济以及建国初期的经济恢复时期发挥了重要作用。

1912—1949年

1999年

1914年,国民政府决定实行银本位制度,以一圆银币作为无限法偿的本位货币。

1935年,南京国民政府实行法币改革,禁止银元流通。抗日战争和解放战争期间,法币崩溃,国民政府又先后发行了金圆券、银圆券。

1948年—1955年

中华人民共和国成立50周年之际,发行了第五套人民币(1999年版),也就是现在市场上正在流通的人民币。后为提高第五套人民币的印刷工艺和防伪技术水平,经国务院批准,中国人民银行于2005年8月31日发行了第五套人民币2005年版,2015年又发行了提高防伪技术版本的2015年版100元纸币。

十　国计民生

算一算

动脑筋换算人民币,仔细算不要出错哟!

一、填空

1元 = (　　)角　　　　3元8角 = (　　)角

6角 = (　　)分　　　　4角2分 = (　　)分

20角 = (　　)元　　　22角 = (　　)元(　　)角

二、在○里填">"、"<"或"="

3角○15分　　　　30角○30分

4元○60角　　　　45角○4元3角

5角○52分　　　　3元9角○4元

十　国计民生

博古知今

通过学习,我们知道了在淮海战役期间,随着军事上的失败和军费支出的不断膨胀,国民党政府的财政经济陷入了空前的危机。

"国统区"物价飞涨,货币贬值,老百姓不得不携带大捆钞票购买日用品。　　"国统区"民不聊生,穷人卖儿卖女。

　　法币和金圆券快速贬值,造成通货膨胀,物价飞涨,许多穷人为了生计卖儿卖女,国民党统治区域内"反饥饿、反内战"斗争此起彼伏。新中国成立后,人民欢欣鼓舞,渴望将手中的金圆券兑换成人民币。忆往昔峥嵘岁月,在繁荣昌盛的今天,我们应该珍惜来之不易的幸福生活,为实现中华民族伟大复兴的中国梦不断奋斗。

十　国计民生

研学思考
　　你能说说货币稳定对于当今社会的重要性吗？

你能写出几个关于"金"的成语吗？

致小读者的一封信

亲爱的小读者,很高兴认识你!

非常高兴与你度过这段美好的旅途,可以成为你的好朋友,太开心啦。

相信作为朋友的你能够爱护我。请把我介绍给你的朋友吧,让我成为你们共同的好朋友。

期待下一次的旅行中依然有你陪伴。

淮海战役纪念馆